Conferência Nacional dos Bispos do Brasil
– Rio de Janeiro – RJ

PASTORAL DA MÚSICA LITÚRGICA NO BRASIL

7ª edição – 2010
5ª reimpressão – 2019

Nenhuma parte desta obra poderá ser reproduzida ou transmitida por qualquer forma e/ou quaisquer meios (eletrônico ou mecânico, incluindo fotocópia e gravação) ou arquivada em qualquer sistema ou banco de dados sem permissão escrita da Editora. Direitos reservados.

Paulinas
Rua Dona Inácia Uchoa, 62
04110-020 – São Paulo – SP (Brasil)
Tel.: (11) 2125-3500
http://www.paulinas.com.br – editora@paulinas.com.br
Telemarketing e SAC: 0800-7010081

© Pia Sociedade Filhas de São Paulo – São Paulo, 1976

APRESENTAÇÃO

Há bastante tempo numerosas vozes reclamavam uma palavra da CNBB acerca da música litúrgica, já que numerosas falhas eram constatadas, devidas mais à falta de orientação e de preparo do que a outras razões.

O presente documento, aprovado pela Comissão Episcopal de Pastoral da CNBB, procura ser uma resposta a esta situação.

Elaborado em equipe, revisto pela Comissão Nacional de Liturgia, encerra os resultados de longos anos de experiência. Com efeito, já não se contam os cursos de música e canto pastoral realizados em todas as regiões do Brasil, que foram promovendo pouco a pouco uma renovação total da música litúrgica entre nós. O documento hoje publicado é assim o fruto maduro de tantos trabalhos e pesquisas.

Tratando-se de um elemento tão importante da Liturgia, como a música, esperamos que o documento encontre boa aceitação por parte daqueles a quem especialmente se destina, Pastores e demais Agentes de Pastoral, e produza frutos nas comunidades eclesiais.

Nova Friburgo, 25 de março de 1976.
† *Clemente José Carlos Isnard, O.S.B.*
Presidente da Comissão Nacional de Liturgia.

Nota: O presente Documento é complementado pelo *"Estudo sobre os Cantos da Missa"* (Estudos da CNBB n. 12) que trata mais da parte técnica dos cantos da Missa.

SIGLAS

IV ENMS — IV Encontro Nacional de Música Sacra (1968), publicado em *Música Brasileira na Liturgia* (Coleção Musica Sacra n. 2), Editora Vozes, Petrópolis, RJ, 1969, pp. 143 a 150.

Medellin — *Conclusões de Medelin* (CELAM): A Igreja na atual transformação da América Latina à luz do Concílio. Editora Vozes, Petrópolis, RJ, 1969.

MS — Instrução da Sagrada Congregação dos Ritos sobre a *Música na Sagrada Liturgia* de 5/3/1967. Editora Vozes, Documentos Pontifícios n. 166, Petrópolis, RJ, 1967.

MSD — Encíclica *Musicae Sacrae Disciplina* sobre de Pio XII em 1955. Editora Vozes, Documentos Pontifícios n. 112, Petrópolis, RJ, 1960.

SC — Constituição *Sacrosanctum Concilium* sobre a Liturgia, do Concílio Vaticano II (1963). Editora Vozes, Documentos Pontifícios n. 144, Petrópolis RJ, 1967.

TLS — Mótu próprio *Tra le sollecitudini* de Pio X sobre a Música Sacra (1903). Editora Vozes, Documentos Pontifícios n. 22, Petrópolis, RJ, 1959.

CAPITULO I

VISÃO DA REALIDADE

1.1 - Pontos positivos

1.1.1 — A maior conquista da renovação litúrgica proposta pelo Concílio Vaticano II está sendo a PARTICIPAÇÃO DO POVO, cada vez mais ativa, consciente, plena e frutuosa. Observa-se um duplo dinamismo: a consciência da participação na liturgia leva os fiéis a um crescente engajamento na vida e missão eclesial, através, até, de novos ministérios; e a inserção nas atividades pastorais da Igreja conduz os fiéis a celebrarem sua própria vida com expressões genuínas de fé e oração.

1.1.2 — Uma das melhores expressões desta participação é a MÚSICA LITÚRGICA. Onde há manifestação de vida comunitária existe canto; e onde há canto celebra-se a vida. Por isso, no Brasil, a renovação litúrgica tem alcançado um de seus pontos mais positivos, pela criação de uma música litúrgica em vernáculo que tem procurado corresponder ao sentimento e à alma orante do nosso povo, fazendo-o participar das funções litúrgicas de modo expressivo e autêntico.

1.1.3 — Para atingir tal objetivo, a Conferência Nacional dos Bispos do Brasil há dez anos vem prestando eficaz colaboração e proporcionando os meios para que a música litúrgica se desenvolva de modo sério e progressivo. Esta solicitude do Episcopado brasileiro, de acordo com o Vaticano II, está nitidamente expressa nos muitos projetos que, nos diversos planos de pastoral de conjunto, a Comissão Nacional de Liturgia procurou realizar:

a) Os Encontros Nacionais, reunindo músicos de todo o Brasil possibilitaram uma reflexão profunda sobre as diretrizes e normas conciliares, e sua concretização no plano litúrgico-pastoral. Em especial, visava-se a criação de um canto litúrgico adaptado à nossa realidade e sintonizado com a psicologia e a herança musical do nosso povo: era preciso criar um canto novo para o Brasil cantar a sua fé;

b) O assessoramento que a CNBB prestou aos Regionais e Dioceses brasileiras promoveu, além de encontros e cursos de música e canto pastoral em todo o território nacional, a criação de equipes e comissões regionais e diocesanas de música litúrgica e o incentivo aos compositores locais;

c). A Campanha da Fraternidade, que a CNBB promove anualmente, tem dado novo impulso à pastoral da nossa música litúrgica. Patrocinando a composição, gravação e distribuição a todas as paróquias, das missas da Campanha da Fraternidade, tem proposto o esquema de participação do povo, e procura levar a ele um melhor conhecimento da "função ministerial" dos diversos cantos da missa deixando viva, no sentimento dos fiéis, a mensagem de fraternidade contida em seus diversos temas.

1.1.4 — Iniciativas de Comissões e Equipes Regionais ou Diocesanas muito tem contribuído para maior criatividade dentro do espírito da liturgia, neste campo da pastoral, como:

a) A realização de cursos de canto pastoral, que congregam centenas de responsáveis pela animação do canto nas paróquias e comunidades, tem sido um veículo para a divulgação e aprendizagem de novas melodias;

b) O incentivo dado por essas mesmas comissões e equipes aos compositores, que se animam a apresentar constantemente um repertório novo e variado, sinal de uma criatividade rica;

c) O grande número de discos, cassetes e publicações musicais surgidos nestes anos, pelo empenho de gravadoras e editoras que vieram apoiar a divulgação das novas composições.

1.1.5 — O interesse e o incentivo de bom número de bispos e sacerdotes à pastoral do canto litúrgico tem ajudado muitas comunidades a crescer na fé e na vida cristã. Constata-se que, onde os pastores apóiam e incentivam a pastoral do canto, há uma grande participação do povo nas celebrações, e o canto e um testemunho da vitalidade e da vivencia cristã dessas comunidades.

1.1.6 — Nota-se o crescimento litúrgico das comunidades pelo apreço à pastoral da música litúrgica, pela valorização dos cantos processionais, do salmo responsorial, das aclamações, ao lado dos tradicionais cantos do ordinário da missa (especialmente o "Senhor", o "Santo" e o "Cordeiro"). O fato de se cantarem estas partes tem assumido um caráter educativo, pois, na prática, os fiéis vão aos poucos entendendo a função de cada rito na celebração.

1.1.7 — Uma das maiores contribuições da renovação conciliar é a valorização da Palavra de Deus nas celebrações litúrgicas. O caminho foi preparado pelo lançamento de salmos cantados em vernáculo, e hoje contemplamos uma variedade considerável de cantos com textos bíblicos ou neles inspirados. Felizmente, há uma preocupação em valorizar a Palavra de Deus, celebrando-a nos acontecimentos da vida da comunidade e das pessoas.

1.1.8 — Outra conquista do trabalho musical renovador foi o encontro com os valores sócio-culturais e religiosos de nossa música autóctone. Norteados pelo Concílio (SC 119) e pelos Encontros Nacionais de Música Sacra, diversos compositores partiram para uma criação mais genuína, aproveitando as riquezas de nossa música: as constantes melódicas, harmônicas, formais e rítmicas da música folclórica e popular brasileira, visando a uma progressiva independência face às melodias estrangeiras. Hoje o Brasil apresenta uma singular posição entre as nações, pelo desencadeamento de tal processo criativo.

1.1.9 — A nova música para o canto do povo trouxe, como conseqüência natural, o uso de *novos instrumentos musicais*. Sem rejeitar o órgão ou o harmônio, em certas celebrações, o violão, por exemplo, tem possibilitado um acompanhamento espontâneo e simples, antes inexistente devido à legislação em vigor.

1.2 - Pontos negativos

1.2.1 — Apesar desses frutos positivos, estamos ainda distantes de uma participação perfeita e de uma valorização plena da música litúrgica.

a) Apesar do esforço de um bom número de pastores e compositores, ainda somos pobres em *pessoas habi-*

litadas para a criação de uma música litúrgica que venha satisfazer às necessidades variadas das comunidades eclesiais. Faltam-nos escolas especializadas em música litúrgica, e, por isso, são poucos os compositores bem formados. Entre estes, são ainda em pequeno número os que podem dedicar-se inteiramente à música, dado o engajamento em outros setores da pastoral e outras atividades ligadas à própria subsistência;

b) Nas próprias casas de formação sacerdotal e religiosa e de agentes pastorais, nota-se a carência da formação litúrgico-musical;

c) Os músicos leigos foram muito pouco motivados a darem sua contribuição à pastoral da música litúrgica. É tarefa muito difícil, pois, se de um lado têm grande versatilidade na arte musical, falta-lhes quase sempre a formação litúrgica e vivência eclesial.

1.2.2 — Um dos grandes obstáculos à maior criatividade musical é a falta de bons textos para cantos que levem em conta a função ministerial, as festas e os tempos litúrgicos. Hoje os poetas são mais escassos que os músicos. Estes, premidos por situações concretas, têm eles mesmos de preparar os textos, e nem sempre os músicos são poetas.

— Por outro lado boa porção de material poético ainda não é devidamente valorizado e divulgado.

— Igualmente, alguns textos "com mensagem", ótimos para a catequese, nem sempre satisfazem às exigências litúrgicas, principalmente da missa.

1.2.3 — Perturbando os genuínos esforços para a renovação litúrgico-musical, aparece em muitos lugares, e sempre com certa constância, os desvios e aberrações, pela falta de conhecimento da liturgia, da função do canto na mesma, e de bom senso pastoral. Dentre estes, podemos enumerar;

a) Uso de melodias e textos completamente alheios ao espírito das ações litúrgicas, não raro divulgados pela televisão, rádio ou cinema, e que invadem as celebrações eucarísticas, especialmente do matrimônio, como também outras celebrações;

b) Textos religiosos adaptados a estas melodias;

c) Uso de discos e gravações durante as celebrações, como apelo ao menor esforço. Desta forma, nada se faz para melhorar a situação e se canta quase só o que é gravado; e nem sempre o que é gravado é o melhor.

1.2.4 — Lamenta-se também o uso inadequado de certos instrumentos. Em muitas comunidades abandonou-se o órgão ou o harmônio, pela adoção do mais fácil, permitindo-se improvisações e instrumentais incompetentes. Também a falta de acompanhamento instrumental impede, quase sempre, um canto correto do povo.

1.2.5 — Grave erro foi cometido pela incompreensão do verdadeiro papel dos corais. Com o favorecimento do canto do povo, muitos pastores pensaram na supressão dos corais. Alguns, em parte, por falta de repertório adequado, assumiram uma atitude contrária à renovação, persistindo em repertórios já anacrônicos, quase alheios às celebrações litúrgicas.

— Acontece por vezes que um coral, e até um solista, contrariando o sentido da liturgia e a participação do povo, cante sozinho a missa inteira (às vezes vindo de outro lugar e pago para isso), enquanto que o povo permanece "mudo e estranho espectador" (SC 48).

1.2.6 — Grande problema da pastoral da música em termos renovados é o das chamadas celebrações ocasionais, missas exequiais de diversos tipos, bodas e casamentos, "páscoas coletivas", celebração dos "quinze anos" etc. A estas afluem numerosas pessoas, em geral provenientes de comunidades diversificadas ou mesmo sem a elas pertencerem e ate pessoas sem vivência cristã. Como promover uma participação viva e eficaz de grupos heterogêneos e que não possuem o costume de cantar? — É um desafio.

CAPITULO II

FUNDAMENTAÇÃO LITÚRGICA

2.1- A função e o papel do canto na liturgia

2.1.1 — a) O canto, como "parte necessária e integrante da liturgia", (SC 112), por exigência de autenticidade, deve ser a expressão da fé e da vida cristã de cada assembléia. Em ordem de importância é, após a comunhão sacramental, o elemento que melhor colabora para a verdadeira participação pedida pelo Concílio.

Ao indicar a importância e a necessidade do canto, os documentos conciliares nos apontam a sua função e seu papel na liturgia:

- "pelo canto, a oração se exprime com maior suavidade,

- mais claramente se manifestam o mistério da liturgia e sua índole hierárquica e comunitária,

- mais profundamente se atinge a unidade dos corações pela unidade das vozes,

- mais facilmente se elevam as almas pelo esplendor das coisas santas até as realidades supraterrenas,

- enfim, toda celebração mais claramente prefigura aquela efetuada na celestial Jerusalém" (MS 5 e SC 112).

b) O canto, portanto, não é algo de secundário ou lateral, na liturgia, mas é uma das expressões mais profundas e autênticas da própria liturgia e possibilita ao mesmo tempo uma participação pessoal e comunitária dos fiéis.

2.1.2 — Para estabelecer as características da genuína Música Litúrgica, o Vaticano II, além de exigir a santidade e a correção de formas, baseia-se na própria liturgia, em seus diversos ritos e formas de expressão, e na exigência da participação da comunidade (cf. TLS 1,1; SC 112 e 114; MS 4 e 53).

2.1.3 — A música, assim, está em íntima ligação com a liturgia, dela depende e a ela serve. Este serviço que a Constituição conciliar chamou de "FUNÇÃO MINISTERIAL", como "feliz interpretação daquilo que a liturgia concebe (SC 112 MS 6), isto é, ser louvor de Deus em linguagem da comunidade em oração, requer certas normas que a música deve fazer suas, para atingir a função sacral" (Paulo VI, Discurso de 4/1/1967) e para "corresponder à finalidade da liturgia (o todo), da qual esta música é parte integrante e necessária" (cf. Concl. do IV ENMS). Por isso:

"Quanto mais uma obra musical se insere e se integra na ação litúrgica e em seus diversos ritos, "aqui e agora", e na celebração comunitária, tanto mais é adequada ao uso litúrgico.

Ao contrário, quanto mais uma obra musical se emancipa do texto, do contexto, das leis e ritos litúrgicos, muito embora se torne demonstração de arte e de cultura ou de saber humano, tanto mais é imprópria ao uso litúrgico.

Deve-se, portanto, partir da exata noção da liturgia, com seus fundamentos principais — palavra, rito e comunidade — concretos, tendo-se em mente que a arte musical é um meio para se entrar mais profundamente em comunicação com o mistério da salvação (fim), que se realiza na celebração litúrgica. É desta sua finalidade que a Música Sacra recebe toda a sua dimensão, a sua importância e os seus limites.

A estética, a forma, os atores da música litúrgica são condicionados pelo acontecimento litúrgico em seus fundamentos: palavra, rito e assembléia, de modo que se deve empregar o gênero e a forma tais como requer a índole de cada rito, e que se explicite pela música o sentido e a natureza próprias de cada parte e de cada canto (cf. MS 6).

Em resumo: Se a música for como de fato requer a liturgia, será um sinal que nos leva do visível ao invisível, um carisma que contribui para a edificação de toda a comunidade e a manifestação do mistério da Igreja, Corpo Místico de Cristo: "Disso, necessariamente se conclui a importância que se há de atribuir ao canto, por manifestar de um modo especial o aspecto eclesial da celebração" (42 e 5; IV ENMS).

2.1.4 — Quanto aos **textos** destinados ao canto, além de focalizar a função ministerial, a festa e o tempo litúrgico, os poetas, os compositores e os responsáveis pela escolha dos cantos, levem também em conta os critérios estabelecidos:

a) Pelo Concílio: "Os textos destinados aos cantos sacros sejam conformes à doutrina católica, e sejam tirados principalmente da Sagrada Escritura e das fontes litúrgicas" (SC 121c). "Na celebração litúrgica é máxima a importância da Sagrada Escritura. Pois dela são lidas as lições e explicadas na homilia e cantamse os salmos. É de sua inspiração e incentivo que surgiram as preces, orações e hinos litúrgicos" (SC 24). — "Embora a liturgia encerre também grande ensinamento ao povo fiel, ela é principalmente culto da Majestade divina" (SC 33). — Neste sentido, que os textos dos cantos estejam mais na linha do louvor gratuito, da ação de graças, da súplica e do perdão, como requer a genuína expressão litúrgica, e não apenas catequéticas e moralizantes.

b) Pelo documento de Medellin: Os textos litúrgicos levem em conta a dimensão social e comunitária do cristianismo, formando homens comprometidos na construção de um mundo de paz (cf. Paz, 24), pois "na hora atual de nossa América Latina, como em todos os tempos, a celebração litúrgica coroa e comporta um compromisso com a realidade humana (GS 43), com o desenvolvimento e com a promoção, precisamente porque toda a criação está inserida no desígnio salvador que abrange a totalidade do homem" (Liturgia, n. 4).

Coisa difícil, mas indispensável, será equilibrar o cunho contemplativo que os textos cantados devem ter, com a mensagem de engajamento que devem transmitir. Não são admissíveis textos alienados da realidade da vida, nem tampouco textos que instrumentalizem a celebração litúrgica para veicular uma ideologia.

2.1.5 — Quanto à **música** ela é uma linguagem privilegiada que exprime e manifesta a alma e a cultura de um povo; para a liturgia ser autêntica e a participação ser profunda, deve-se usar a linguagem musical que melhor expresse a fé e a oração do povo orante. Por princípio, "a Igreja aprova e admite no culto divino todas as formas de verdadeira arte dotadas das devidas qualidades" (SC 112), e "favorece por todos as meios o canto do povo, mesmo sob novas formas adaptadas ao caráter de cada povo e à mentalidade de hoje... No entanto, é preciso reconhecer que todos os gêneros de cantos ou de instrumentos não são igualmente aptos a sustentar a oração e a exprimir o mistério de Cristo" (*III Instrução da Sagrada Congregação para o Culto Divino*, de 5/9/1970, n. 3c).

2.2 - Ministérios e serviços do canto litúrgico na comunidade

2.2.1 — *A comunidade celebrante*

A renovação litúrgica do Vaticano II tem sua principal razão de ser na participação do povo de Deus no mistério de salvação que se realiza na liturgia (cf. SC 5 e 6). Como decorrência da natureza da própria liturgia, "o povo tem o direito e o dever a esta participação" (cf. SC 14).

Todos os ministérios e serviços nascem da comunidade e a ela se destinam para a sua melhor participação e crescimento espiritual e a "edificação do Corpo de Cristo" (cf. Ef 4,12). Toda liturgia autêntica revela a própria Igreja e sua índole hierárquica e comunitária (cf. SC 26 e 27), e requer uma participação ativa de todos os seus membros, de acordo com a sua função (SC 28). "Disso necessariamente se conclui a importância que se há de atribuir ao canto, por manifestar de modo especial o aspecto eclesial da celebração" (MS 42 e 5).

2.2.2 — O coral e seu ministério na comunidade

"A renovação litúrgica não pôs em questão o **coro** em si mesmo, mas ao contrário deu-lhe um papel de destaque na celebração da liturgia (cf. MS 19). O coro deve, porém, renovar-se com a liturgia em seu modo de ser, de atuar, em seu repertório, estilo formação e mentalidade... Ele desempenha um verdadeiro ministério (SC 29) ou função litúrgica na assembléia celebrante, e por isso é hoje, mais do que nunca, indispensável a uma celebração viva na liturgia renovada, e sua atuação redunda em benefício da própria comunidade, principalmente:

a) pela valorização da liturgia cantada, que deve ser o modelo das demais celebrações (MS 5);

b) pela insistência em se observar exatamente o sentido e a natureza própria de cada rito e canto (MS 6);

c) pela necessidade de variação nas formas de celebração e de participação (MS 10);

d) pelo auxílio que presta à participação do povo" (MS 19 e IV ENMS).

2.2.3 — O animador do canto e seu ministério na comunidade

Pelas mesmas razões (2.2.2), fundamenta-se e recomenda-se o ministério do animador do canto nas comunidades, e mais: "Providencie-se que haja ao menos um ou outro **cantor** devidamente formado, o qual deve então propor ao povo ao menos as melodias mais simples, para que este participe, e deverá oportunamente dirigir e apoiar os fiéis. Convém que haja tal cantor também nas igrejas que têm coral." (MS 21). — Todos sabemos da importância de um bom ensaiador-animador numa comunidade. É de seu serviço dedicado que depende em grande parte a boa participação cantada do povo.

2.2.4 — *Os instrumentistas e seu ministério na comunidade*

"Os instrumentos podem ser de grande utilidade na liturgia, quer acompanhando o canto, quer sem ele" (MS 62), "na medida em que prestam serviço à palavra cantada, ao rito (explicitando-o melhor) e à comunidade em oração; dessa maneira a música instrumental participa da sacralidade da liturgia e torna-se música sacra por participação. O instrumento por si mesmo, como prolongamento da voz humana (alma e voz), não é nem sacro nem profano, assim como a voz humana em si mesma não o é. A classificação de instrumentos em sacros e profanos depende da relação sócio-cultural-psicológica mutável quanto ao tempo (na história) e quanto ao lugar (nas culturas diversas) (cf. SC 12). Se um instrumento consegue integrar-se na liturgia, ajudando-a e exprimindo-a melhor, especialmente pelo acompanhamento do canto, este instrumento torna-se sacro, participando da sacralidade da liturgia" (IV ENMS).

2.2.5 — *O carisma dos compositores*

Para que haja uma verdadeira renovação musical, são necessários *compositores competentes* e imbuídos do espírito de apostolado litúrgico e pastoral, compenetrados de que "são chamados para cultivar a música sacra e para alimentar-lhe o tesouro. Componham, porém, melodias que apresentem as características da verdadeira música sacra, e que possam ser cantadas não só pelos grandes coros, mas que também estejam ao alcance dos modestos, e favoreçam a participação ativa de toda a comunidade dos fiéis" (SC 121). Igualmente, "examinem as obras do passado, seus gêneros e características, mas sempre com os olhos atentos se voltem para as novas leis e necessidades da sagrada liturgia..." (MS 59), pois, "a adaptação da Música Sacra naquelas regiões dotadas de tradição musical própria, principalmente nas regiões missionárias (cf. SC 119), exigirá dos perito preparação toda especial... Os que a esta tarefa se dedicam devem possuir suficiente conhecimento, não só da liturgia e da tradição musical da Igreja, como também da língua, do canto popular e de outras expressões do gênio do povo para o qual trabalham" (MS 61).

2.2.6 — A formação litúrgico-musical dos agentes da pastoral

Como a prática da música litúrgica nas comunidades cristãs depende decisivamente dos *agentes de pastoral,* observe-se o que sabiamente determina o Concílio sobre a formação dos mesmos: "Tenha-se em grande consideração nos seminários, nos noviciados dos religiosos e nas casas de estudos de ambos os sexos, e nos demais institutos e escolas católicas, a formação e a prática musical. Para adquirir tal formação, os mestres indicados para ensinar música sacra sejam cuidadosamente preparados" (SC 115; MS 52).

2.2.7 — *O serviço das comissões e equipes de música litúrgica*

Esse trabalho deve ser orientado, incentivado e acompanhado pelas *comissões e equipes* de música litúrgica. Solicitadas pela legislação anterior ao Concílio, foram por ele lembradas e recomendadas (SC 44-46), como órgãos promotores da música litúrgica nas dioceses e regiões (MS 68) e de assessoria junta às Comissões Nacionais de Liturgia (MS 69).

2.2.8 — *O apoio e o incentivo dos pastores à pastoral do canto*

O Concílio nos lembra que "um dos principais deveres dos pastores de almas é promover com empenho e paciência a participação de todo o povo na liturgia e a formação dos agentes de pastoral" (SC 19 e 114); e que "não há esperança de se atingir tal objetivo, se os próprios pastores não estiverem antes profundamente imbuídos do espírito e da força da liturgia" (SC 14 e 11).

CAPÍTULO III

LINHAS DE AÇÃO PASTORAL DA MÚSICA LITÚRGICA

3.1 — O canto nas celebrações litúrgicas deve ser a expressão comum da *participação do povo*. Por isso, não se torne um privilégio de apenas algumas pessoas, de um grupo coral, ou de um único cantor.

3.2 — Segundo a legislação em vigor e como pede a liturgia, para que haja uma verdadeira renovação musical e um trabalho eficaz, é preciso que sejam criadas *comissões e equipes diocesanas ou regionais* de música litúrgica que:

a) velem pela promoção e implantação de um autêntico espírito litúrgico-musical;

b) examinem com cuidado textos e partituras, para uso litúrgico, avaliando-os aprovando-os ou recusando-os, de acordo com o valor ou desvalor dos mesmos;

c) empenhem-se em organizar cursos, encontros e reuniões para a formação de agentes de pastoral, e outras pessoas capacitadas, orientando-as e formando-as no sentido litúrgico-musical e na aplicação concreta às celebrações;

d) atuem junto às gravadoras e editoras de música e com folhetos de participação, para que tenham em sua direção pessoas competentes litúrgica e musicalmente; incentivem os compositores a uma colaboração cada vez maior em favor da renovação;

e) façam chegar às comunidades eclesiais as normas conciliares, pós-conciliares, da Conferência Episcopal e do Bispo diocesano, quer orientando em suas aplicações práticas, quer corrigindo os abusos, quer ainda promovendo uma revisão periódica da pastoral musical;

f) promovam e coordenem a pastoral musical em sentido de unidade eclesial, de modo que não se criem grupos fechados, movimentos ou correntes isoladas que desagregam as forças e desintegram a unidade da pastoral local.

3.3 — Onde não for possível a criação de uma Comissão, que haja pelo menos uma *pessoa capacitada* em música litúrgica, de preferência ligada a uma Comissão Regional, como responsável pela pastoral da música litúrgica.

3.4 — Quanto aos *corais,* sejam eles bem integrados na vida da comunidade, tanto na liturgia como na vida paroquial. Sua função não é a de um coro de concerto, mas a de um membro vivo de uma assembléia orgânica, atuando por seus diversos atores para a mesma finalidade: participar eclesialmente do mistério da salvação. Seu ministério seja:

a) função de guia e apoio na participação do povo;

b) função de acompanhamento e de complemento do mesmo;

c) função de diálogo e alternância;

d) função especial própria, executando sozinho as partes que lhe competem;

e) função de suplente ou representante, substituindo excepcional e temporariamente o povo em circunstâncias especiais (IV ENMS) — Para estimular a participação dos corais, é desejável que as publicações e gravações litúrgicas apresentem modelos de atuação do coral.

3.5 — Providencie-se que haja *ensaiador(es)* e *animador* em cada paróquia ou comunidade eclesial, e que, através de uma formação progressiva, torne-se sempre mais eficiente em seu ministério. É necessário que ele disponha de tempo indispensável para os ensaios e dos meios e subsídios para uma boa participação do povo.

3.6 — Procure-se que haja em cada comunidade *instrumentistas* e instrumentos musicais para acompanhar o canto litúrgico. Atenda-se à sua função ministerial, utilizando-os:

a) "em relação à Palavra cantada: como prelúdio, acompanhamento, interlúdio e postlúdio"; (que eles não encubram as vozes por um volume excessivo nem toquem tão suavemente que a comunidade não os ouça);

b) em relação ao rito: poderá haver excepcionalmente o toque do instrumento solista na entrada, na preparação das oferendas e na comunhão; em certas ocasiões o instrumentista poderá improvisar sobre o tema de um canto conhecido e apropriado; poderá igualmente tocar sozinho, antes ou depois da missa, uma peça que combine com a liturgia do dia. Não convém tocar instrumento ou gravação durante a Oração Eucarística (cf. MS 64);

c) em relação à comunidade, principalmente pelo acompanhamento do canto da assembléia (cf. IV ENMS): que o modo de tocar os instrumentos leve a comunidade a uma oração mais profunda e interiorizada, vibrante e alegre.

3.7 — Os *compositores* sejam sempre mais incentivados, quer proporcionando-lhes tempo para estudo e atuação, quer oferecendo-lhes meios adequados de aperfeiçoamento em seu "real e verdadeiro apostolado" (MSD 17).

3.8 — Urge promover nas *casas de formação* sacerdotal, religiosa e de agentes de pastoral, uma educação, musical-litúrgica adequada, que possibilite, aos futuros responsáveis pelas assembléias litúrgicas, o competente exercício de sua missão. – É necessário que os *pastores* dêem o apoio, o incentivo, os meios necessários e a formação adequada aos cantores, aos ensaiadores, aos instrumentistas e às Comissões ou pessoas responsáveis pela pastoral do canto nas dioceses e paróquias, do contrário, estes agentes sentir-se-ão sozinhos e acabarão desanimando. O pastor seja o animador dos ministérios e o incentivador dos carismas, e atue por meio das comissões ou pessoas capacitadas em música litúrgica (cf. SC 33-46; MS 68-69).

3.9 – Em relação aos *textos,* evitem-se os cantos com letras adaptadas. Além de ferir os direitos do autor, tal adaptação, por si mesma, revela a inconveniência do original que será mentalmente evocado, evidenciando empobrecimento da celebração litúrgica e desvirtuando o seu sentido.

O princípio da íntima ligação do canto com a ação litúrgica pede que sejam excluídas das celebrações litúrgicas as músicas de dança, melodias-sucesso de películas cinematográficas, de novelas, de festivais, de peças teatrais e similares.

Quanto às missas que giram em torno de um tema, observe-se que:

30

a) não se esvaziem as grandes festas e os tempos litúrgicos fortes;

b) focalizem um aspecto do Mistério da Salvação que a comunidade está vivendo e que sente necessidade de "celebrar";

c) as leituras, as orações e os cantos combinem com a celebração;

d) os cantos estejam de acordo com a função ministerial.

3.10 — Quanta à **música**, que a linguagem musical expresse de fato a oração e a fé do povo orante nas diversas comunidades eclesiais (cf. acima 2.1.5).

3.11 — Para *celebrações ocasionais* — casamentos, exéquias, bodas, páscoas coletivas, formaturas etc. – tenham-se na devida conta as orientações dadas pela CNBB no documento sobre a Pastoral da Eucaristia aprovado na Assembléia geral de Itaici em 1974. Procurem, todavia, os compositores, dar atenção especial ao repertório para tais celebrações, criando em vernáculo "músicas funcionais", que não sejam indignas do passado (SC 121), que enriqueçam a presente renovação e tenham em conta a participação mais freqüente de corais integrados com o povo.

3.12 — A *escolha dos cantos* para as celebrações seja feita com critérios válidos. Não se deve escolher os cantos para uma celebração porque "são bonitos e agradáveis", ou porque "são fáceis", mas porque são litúrgicos, respondendo aos quesitos preliminares:

a) O QUE se vai celebrar (o mistério de Cristo): a festa do dia, o tempo litúrgico;

b) QUEM vai celebrar: uma comunidade concreta, com sua vida, sua cultura, seu modo de se expressar (jovens, adultos, crianças), gente de cidade, de zona rural, do sul, do norte, nordeste... com maior ou menor maturidade de fé e formação cristã, sua capacidade, seu gosto musical; as pessoas disponíveis no momento para as diversas funções;

c) COM QUE MEIOS (os cantos, as leituras, as orações...); então passar à escolha dos cantos em equipe, tendo em vista:

- o TEXTO dos cantos: estes sejam de inspiração bíblica, que cumpram a sua função ministerial e estejam em sintonia com a festa ou o tempo;

- a MÚSICA: seja a expressão da oração e da fé desta comunidade; que combinem com a letra e com a função litúrgica de cada canto.

CONCLUSÃO

Esperamos que este subsídio possa servir de ajuda, orientação e incentivo à pastoral litúrgico-musical das paróquias e comunidades eclesiais do Brasil. Por meio do canto elas possam crescer na fé, na vida cristã e no louvor a Deus. E que desta forma, como Paulo nos exorta, "a Palavra de Cristo permaneça entre nós em toda a sua riqueza, de sorte que com toda sabedoria nos possamos instruir e exortar mutuamente. E que, sob a inspiração da graça, cantemos a Deus, de todo o coração, salmos, hinos e cânticos espirituais" (cf. Cl 3,16).

ÍNDICE ANALÍTICO
(lugares paralelos para consulta)

ADAPTAÇÕES		1.2.3.b		3.9.
ANIMADOR DO CANTO			2.2.3.	3.5.
APOIO DOS PASTORES	1.1.5.		2.2.8.	3.8.
CELEBRAÇÕES OCASIONAIS		1.2.6.		3.11.
COMISSÕES E EQUIPES	1.1.4.		2.2.7.	3.2. / 3.3.
COMPOSITORES	1.1.8. 1.1.3b. 1.1.4b.	1.2.1a	2.2.5.	3.7.
CORAL		1.2.5.	2.2.2.	3.4.
CURSOS (cf. formação)	1.1.3b. 1.1.4.			3.2c
FORMAÇÃO (cf. cursos)		1.2.1b	2.2.6.	3.8.
GRAVAÇÕES E PUBLICAÇÕES	1.1.4c	1.2.3c		3.2d
INSTRUMENTOS	1.1.9.	1.2.4.	2.2.4.	3.6.
MÚSICA	1.1.2. 1.1.8.		2.1.1. 2.1.2. 2.1.3.	3.10. 3.12.c2.
PARTICIPACÃO	1.1.1.	1.2.1.	2.2.1.	3.1.
TEXTOS	1.1.7.	1.2.2. 1.2.3ab	2.1.4.	3.2b 3.9. 3.12.c1.

ÍNDICE

Apresentação 5

CAPÍTULO I: VISÃO DA REALIDADE 9
              Pontos positivos 9
              Pontos negativos.................................. 12

CAPÍTULO II: FUNDAMENTAÇÃO LITÚRGICA ... 17
              A função e o papel do
                  canto na liturgia 17
              Ministérios e serviços do
                  canto litúrgico na comunidade 21

CAPÍTULO III: LINHAS DE AÇÃO PASTORAL
              DA MÚSICA LITÚRGICA 27

Conclusão 33

Índice analítico (lugares paralelos para consulta) 35

Impresso na gráfica da
Pia Sociedade Filhas de São Paulo
Via Raposo Tavares, km 19,145
05577-300 - São Paulo, SP - Brasil - 2019